AF199989

Impressum
Verlag: BABADADA GmbH, Nedderfeld 112 , 22529 Hamburg
Geschäftsführer / Verlagsleitung: Harald Hof
Druck: Books on Demand GmbH, In de Tarpen 42, 22848 Norderstedt

Imprint
Publisher: BABADADA GmbH, Nedderfeld 112 , 22529 Hamburg, Germany
Managing Director / Publishing direction: Harald Hof
Print: Books on Demand GmbH, In de Tarpen 42, 22848 Norderstedt

classroom
klaslokaal

divide
delen

186/2

board
bord

school yard
speelplaats

teacher
leerkracht

paper
papier

write
schrijven

pen
pen

desk
bureau

ruler
liniaal

book
boek

pupil
leerling

satchel

schooltas

pencil case

pennenzak

pencil

potlood

pencil sharpener

puntenslijper

rubber

gom

drawing pad

tekenblok

drawing

tekening

paintbrush

verfborstel

paint box

verfdoos

scissors

schaar

glue

lijm

exercise book

werkboek

homework

huiswerk

number

nummer

add

optellen

subtract

aftrekken

multiply

vermenigvuldigen

calculate

rekenen

letter

letter

alphabet

alfabet

word

woord

text

tekst

read

Lezen

chalk

krijt

lesson

les

register

klassenboek

exam

examen

certificate

certificaat

school uniform

schooluniform

education

onderwijs

encyclopedia

encyclopedie

university

universiteit

microscope

microscoop

map

kaart

waste-paper basket

papiermand

hotel
hotel

hostel
jeugdherberg

ROOMS

bureau de change
wisselkantoor

ECHANGE

suitcase
koffer

car
auto

language

Taal

yes / no

ja / nee

Okay

oké

hello

hallo

translator

vertaler

Thank you

bedankt

how much is...?

Hoeveel kost ...?

I do not understand

Ik begrijp het niet

problem

probleem

Good evening!

Goedenavond!

Good morning!

Goedemorgen!

Good night!

Goedenavond!

bye bye

Tot ziens

direction

richting

luggage

bagage

bag

zak

backpack

rugzak

guest

gast

room

kamer

sleeping bag

slaapzak

tent

tent

travel - reis

tourist information

toeristeninformatie

beach

strand

credit card

kredietkaart

breakfast

ontbijt

lunch

lunch

dinner

avondeten

ticket

ticket

lift

lift

stamp

postzegel

border

grens

customs

douane

embassy

ambassade

visa

visum

passport

paspoort

ship
schip

aeroplane
vliegtuig

fire engine
brandweerwagen

bus
bus

truck
vrachtwagen

motorboat
motorboot

bike
fiets

car
auto

ferry

veerboot

boat

boot

motorbike

motor

police car

politiewagen

racing car

racewagen

rental car

huurauto

8

car sharing

carpoolen

breakdown truck

sleepwagen

refuse truck

vuilniswagen

motor

motor

fuel

benzine

petrol station

benzinestation

traffic sign

verkeersbord

traffic

verkeer

traffic jam

file

car park

parkeerplaats

train station

station

tracks

sporen

train

trein

tram

tram

carriage

wagon

helicopter

helikopter

airport

luchthaven

tower

toren

passenger

passagier

container

container

carton

karton

cart

kar

basket

mand

take off / land

opstijgen / landen

city

stad

village

dorp

city centre

stadscentrum

house

huis

cinema
bioscoop

advert
reclame

street lamp
straatlantaarn

CINEMA

street
straat

taxi
taxi

snack shop
kiosk

pedestrian
voetganger

pavement
trottoir

zebra crossing
zebrapad

bin
vuilnisbak

crossing
kruispunt

traffic lights
verkeerslichten

hut
hut

flat
woning

train station
station

town hall
stadshuis

museum
museum

school
school

university

universiteit

bank

bank

hospital

ziekenhuis

hotel

hotel

pharmacy

apotheek

office

kantoor

book shop

boekwinkel

shop

winkel

florist's

bloemenwinkel

supermarket

supermarkt

market

markt

department store

warenhuis

fishmonger's

vishandelaar

shopping centre

winkelcentrum

harbour

haven

park
park

bench
bank

bridge
brug

stairs
trap

underground
metro

tunnel
tunnel

bus stop
bushalte

bar
bar

restaurant
restaurant

postbox
brievenbus

street sign
straatnaambord

parking meter
parkeermeter

zoo
zoo

swimming pool
zwembad

mosque
moskee

farm

boerderij

pollution

milieuverontreiniging

graveyard

kerkhof

church

kerk

playground

speelplaats

temple

tempel

landscape
landschap

leaf
blad

signpost
wegwijzer

way
weg

meadow
weide

stone
steen

tree
boom

hiker
wandelaar

river
rivier

grass
gras

flower
bloem

valley
vallei

hill
heuvel

lake
meer

forest
bos

desert
woestijn

volcano
vulkaan

castle
kasteel

rainbow
regenboog

mushroom
paddenstoel

palm tree
palmboom

mosquito
mug

fly
vlieg

ant
mier

bee
bijl

spider
spin

beetle

kever

frog

kikker

squirrel

eekhoorn

hedgehog

egel

hare

haas

owl

uil

bird

vogel

swan

zwaan

boar

wild zwijn

deer

hert

moose

eland

dam

dam

wind turbine

windturbine

solar panel

zonnepaneel

climate

klimaat

waiter
ober

menu
menu

chair
stoel

soup
soep

pizza
pizza

cutlery
bestek

tablecloth
tafelkleed

starter
voorgerecht

main course
hoofdgerecht

dessert
nagerecht

drinks
drankjes

food
eten

bottle
fles

fast food

fastfood

street food

street food

teapot

theepot

sugar bowl

suikerpot

portion

portie

espresso machine

espressomachine

high chair

kinderstoel

bill

rekening

tray

dienblad

knife

mes

fork

vork

spoon

lepel

teaspoon

theelepel

serviette

serviette

glass

glas

restaurant - restaurant

plate

bord

soup plate

soepbord

saucer

schoteltje

sauce

saus

salt pot

zoutvatje

pepper mill

pepermolen

vinegar

azijn

oil

olie

spices

kruiden

ketchup

ketchup

mustard

mosterd

mayonnaise

mayonaise

special offer
aanbieding

customer
klant

dairy
zuivelproducten

trolley
winkelwagen

fruit
fruit

butcher's
slagerij

baker's
bakkerij

weigh
wegen

vegetables
groenten

meat
vlees

frozen food
diepvriesvoedsel

cold meat

charcuterie

tinned food

conserven

washing powder

waspoeder

sweets

snoep

household products

huishoudproducten

cleaning products

schoonmaakproducten

salesperson

verkoopster

till

kassa

cashier

kassier

shopping list

boodschappenlijstje

opening hours

openingstijden

wallet

portefeuille

credit card

kredietkaart

bag

tas

plastic bag

plastieken zakje

water

water

juice

sap

milk

melk

coke

cola

wine

wijn

beer

bier

alcohol

alcohol

cocoa

cacao

tea

thee

coffee

koffie

espresso

espresso

cappuccino

cappuccino

banana

banaan

apple

appel

orange

sinaasappel

melon

meloen

lemon

citroen

carrot

wortel

garlic

knoflook

bamboo

bamboe

onion

ajuin

mushroom

champignon

nuts

noten

noodles

noodles

spaghetti

spaghetti

rice

rijst

salad

salade

chips

frieten

fried potatoes

gebakken aardappelen

pizza

pizza

hamburger

hamburger

sandwich

sandwich

cutlet

kalfslapje

ham

ham

salami

salami

sausage

worst

chicken

kip

roast

braden

fish

vis

porridge oats

havervlokken

muesli

muesli

cornflakes

cornflakes

flour

bloem

croissant

croissant

bread roll

pistolet

bread

brood

toast

toast

biscuits

koekjes

butter

boter

curd

kwark

cake

taart

egg

ei

fried egg

spiegelei

cheese

kaas

ice cream

ijs

sugar

suiker

honey

honing

jam

confituur

chocolate spread

choco

curry

curry

farmhouse
boerderij

straw bale
strobaal

barn
schuur

field
veld

horse
paard

trailer
aanhangwagen

foal
veulen

tractor
tractor

donkey
ezel

lamb
lam

sheep
schaap

goat
geit

cow
koe

calf
kalf

pig
varken

piglet
biggetje

bull
stier

goose

gans

duck

eend

chick

kuiken

hen

kip

cock

haan

rat

rat

cat

kat

mouse

muis

ox

os

dog

hond

doghouse

hondenhok

garden hose

tuinslang

watering can

gieter

scythe

zeis

plough

ploeg

sickle

sikkel

hoe

schoffel

pitchfork

hooivork

axe

bijl

wheelbarrow

kruiwagen

trough

trog

milk can

melkkan

sack

zak

fence

hek

stable

stal

greenhouse

broeikas

soil

bodem

seed

zaad

fertilizer

mest

combine harvester

maaidorser

harvest

oogsten

harvest

oogst

yams

yam

wheat

tarwe

soy

soja

potato

aardappel

corn

maïs

rapeseed

koolzaad

fruit tree

fruitboom

cassava

maniok

cereals

graan

chimney
schoorsteen

roof
dak

drainpipe
regenpijp

window
raam

garage
garage

doorbell
deurbel

door
deur

rubbish bin
vuilnisbak

letterbox
brievenbus

garden
tuin

living room
woonkamer

bathroom
badkamer

kitchen
keuken

bedroom
slaapkamer

child's room
kinderkamer

dining room
eetkamer

floor
vloer

wall
muur

ceiling
plafond

cellar
kelder

sauna
sauna

balcony
balkon

terrace
terras

pool
zwembad

lawn mower
grasmaaier

sheet
dekbedovertrek

bedspread
dekbed

bed
bed

broom
bezem

bucket
emmer

switch
schakelaar

wallpaper
behangpapier

picture
foto

lamp
lamp

shelf
schap

cupboard
kast

fireplace
open haard

television
televisie

flower
bloem

cushion
kussen

vase
vaas

sofa
sofa

remote control
afstandsbediening

carpet
mat

curtain
gordijn

table
tafel

chair
stoel

rocking chair
schommelstoel

armchair
fauteuil

book
boek

blanket
deken

decoration
decoratie

firewood
brandhout

film
film

hi-fi equipment
stereo-installatie

key
sleutel

newspaper
krant

painting
schilderij

poster
poster

radio
radio

notepad
notitieboekje

hoover
stofzuiger

cactus
cactus

candle
kaars

fridge
koelkast

microwave oven
microgolfoven

kitchen scales
keukenweegschaal

toaster
broodrooster

detergent
afwasmiddel

oven
oven

freezer
vriesvak

rubbish bin
vuilnisbak

dishwasher
vaatwasmachine

cooker

fornuis

pot

pot

cast-iron pot

gietijzeren pot

wok / kadai

wok / kadai

pan

pan

kettle

waterkoker

steamer

stoomkoker

baking tray

bakplaat

crockery

servies

mug

mok

bowl

kom

chopsticks

eetstokjes

ladle

pollepel

spatula

spatel

whisk

garde

strainer

vergiet

sieve

zeef

grater

rasp

mortar

mortier

barbecue

barbecue

open fire

haardvuur

chopping board

snijplank

rolling pin

deegrol

corkscrew

kurkentrekker

can

blik

can opener

blikopener

pot holder

pannenlap

sink

gootsteen

brush

borstel

sponge

spons

blender

blender

deep freezer

vriezer

baby bottle

papfles

tap

kraan

heating
verwarming

shower
douche

towel
handdoek

shower curtain
douchegordijn

bubble bath
bubbelbad

bathtub
badkuip

glass
glas

washing machine
wasmachine

tap
kraan

tiles
tegels

potty
kinderpo

sink
gootsteen

toilet
toilet

squat toilet
hurktoilet

bidet
bidet

urinal
urinoir

toilet paper
toiletpapier

toilet brush
toiletborstel

toothbrush

tandenborstel

toothpaste

tandpasta

dental floss

flosdraad

wash

wassen

handheld shower

handdouche

douche

bidethanddouche

basin

waskom

back brush

rugborstel

soap

zeep

shower gel

douchegel

shampoo

shampoo

flannel

washandje

drain

afvoer

cream

crème

deodorant

deodorant

mirror

spiegel

hand mirror

handspiegel

razor

scheermes

shaving foam

scheerschuim

aftershave

aftershave

comb

kam

brush

borstel

hair dryer

haardroger

hairspray

haarlak

makeup

make-up

lipstick

lippenstift

nail varnish

nagellak

cotton wool

watten

nail scissors

nagelknipper

perfume

parfum

washbag

toilettas

stool

kruk

weighing scale

weegschaal

bathrobe

badjas

rubber gloves

latex handschoenen

tampon

tampon

sanitary towel

maandverband

chemical toilet

chemisch toilet

alarm clock
wekker

cuddly toy
knuffel

toy car
speelgoedauto

doll's house
poppenhuis

present
geschenk

rattle
rammelaar

balloon
....
ballon

bed
....
bed

pram
....
kinderwagen

deck of cards
....
spel kaarten

jigsaw
....
puzzel

comic
....
stripboek

lego bricks

legoblokjes

building blocks

blokken

action figure

actiefiguur

babygrow

kruippakje

frisbee

frisbee

mobile

mobiel

board game

bordspel

dice

dobbelsteen

model train set

modelspoorweg

dummy

fopspeen

party

feest

picture book

prentenboek

ball

bal

doll

pop

play

spelen

sandpit

zandbak

swing

schommel

toys

speelgoed

video game console

spelconsole

tricycle

driewieler

teddy bear

knuffelbeer

wardrobe

kleerkast

clothing
kleding

socks

sokken

stockings

kousen

tights

maillot

scarf
sjaal

belt
riem

umbrella
paraplu

t-shirt
T-shirt

trainers
sneakers

boots
laarzen

slippers
slippers

sandals
....
sandalen

shoes
....
schoenen

rubber boots
....
rubberlaarzen

underpants
....
onderbroek

bra
....
beha

vest
....
onderhemd

body

lichaam

trousers

broek

jeans

jeans

skirt

rok

blouse

blouse

shirt

hemd

pullover

trui

hoodie

capuchontrui

blazer

blazer

jacket

jas

coat

jas

raincoat

regenjas

costume

kostuum

dress

jurk

wedding dress

trouwjurk

suit

pak

nightgown

nachthemd

pyjamas

pyjama

sari

sari

headscarf

hoofddoek

turban

tulband

burqa

boerka

kaftan

kaftan

abaya

abaya

swimsuit

badpak

trunks

zwembroek

shorts

short

tracksuit

trainingspak

apron

schort

gloves

handschoenen

button

knoop

glasses

bril

bracelet

armband

necklace

ketting

ring

ring

earring

oorbel

cap

pet

coat hanger

kapstok

hat

hoed

tie

das

zip

rits

helmet

helm

braces

bretellen

school uniform

schooluniform

uniform

uniform

bib
slabbetje

dummy
fopspeen

nappy
luier

server
server

filing cabinet
dossierkast

printer
printer

paper
papier

monitor
monitor

mouse
muis

desk
bureau

folder
map

keyboard
toestenbord

waste-paper basket
papiermand

chair
stoel

computer
computer

coffee mug
koffiemok

calculator
rekenmachine

internet
internet

laptop

laptop

letter

brief

message

bericht

mobile

gsm

network

netwerk

photocopier

kopieerapparaat

software

software

telephone

telefoon

plug socket

stopcontact

fax machine

fax

form

formulier

document

document

buy

kopen

pay

betalen

trade

handelen

money

geld

dollar

dollar

euro

euro

yen

yen

rouble

roebel

Swiss franc

Zwitserse frank

renminbi yuan

Chinese renminbi

rupee

roepie

cashpoint

geldautomaat

bureau de change
wisselkantoor

gold
goud

silver
zilver

oil
olie

energy
energie

price
prijs

contract
contract

tax
belasting

stock
aandeel

work
werken

employee
werknemer

employer
werkgever

factory
fabriek

shop
winkel

economy - economie

police officer
politieagent

fireman
brandweerman

cook
kok

doctor
dokter

pilot
piloot

gardener

tuinman

carpenter

timmerman

seamstress

naaister

judge

rechter

chemist

chemicus

actor

acteur

bus driver

buschauffeur

taxi driver

taxichauffeur

fisherman

visser

cleaning lady

schoonmaakster

roofer

dakdekker

waiter

ober

hunter

jager

painter

schilder

baker

bakker

electrician

elektricien

builder

bouwvakker

engineer

ingenieur

butcher

slager

plumber

loodgieter

postman

postbode

occupations - beroepen

soldier

soldaat

architect

architect

cashier

kassier

florist

bloemist

hairdresser

kapper

conductor

conducteur

mechanic

mecanicien

captain

kapitein

dentist

tandarts

scientist

wetenschapper

rabbi

rabbijn

imam

imam

monk

monnik

clergyman

geestelijke

hammer
hamer

pliers
tang

screwdriver
schroevendraaier

spanner
schroefsleutel

torch
zaklamp

digger
graafmachine

toolbox
gereedschapskoffer

ladder
ladder

saw
zaag

nails
spijkers

drill
boormachine

repair

repareren

shovel

schop

Damn!

Verdomme!

dustpan

blik

paint pot

verfpot

screws

schroeven

musical instruments
muziekinstrumenten

loudspeaker
luidspreker

drum kit
drumstel

guitar
gitaar

double bass
contrabas

trumpet
trompet

piano

piano

violin

viool

bass

basgitaar

timpani

pauk

drums

trommels

keyboard

keyboard

saxophone

saxofoon

flute

fluit

microphone

microfoon

musical instruments - muziekinstrumenten

tiger
tijger

entrance
ingang

cage
kooi

zebra
zebra

animal feed
diereneten

panda
panda

animals

dieren

elephant

olifant

kangaroo

kangoeroe

rhino

neushoorn

gorilla

gorilla

bear

beer

camel

kameel

ostrich

struisvogel

lion

leeuw

monkey

aap

flamingo

flamingo

parrot

papegaai

polar bear

ijsbeer

penguin

pinguïn

shark

haai

peacock

pauw

snake

slang

crocodile

krokodil

zookeeper

dierenverzorger

seal

zeehond

jaguar

jaguar

pony
pony

leopard
luipaard

hippo
nijlpaard

giraffe
giraffe

eagle
adelaar

boar
wild zwijn

fish
vis

turtle
zeeschildpad

walrus
walrus

fox
vos

gazelle
gazelle

American football
rugby

cycling
wielrennen

tennis
tennis

basketball
basketbal

swimming
zwemmen

boxing
boksen

ice hockey
ijshockey

football
voetbal

badminton
badminton

athletics
atletiek

handball
handbal

skiing
skiën

polo
polo

jump
springen

laugh
lachen

hug
knuffelen

walk
wandelen

sing
zingen

dream
dromen

pray
bidden

kiss
kussen

write	draw	show
schrijven	tekenen	tonen

push	give	take
duwen	geven	nemen

have

hebben

do

doen

be

zijn

stand

staan

run

lopen

pull

trekken

throw

gooien

fall

vallen

lie

liggen

wait

wachten

carry

dragen

sit

zitten

get dressed

aankleden

sleep

slapen

wake up

ontwaken

look at
kijken naar

cry
wenen

stroke
aaien

comb
kammen

talk
praten

understand
begrijpen

ask
vragen

listen
luisteren

drink
drinken

eat
eten

tidy up
opruimen

love
houden van

cook
koken

drive
rijden

fly
vliegen

activities - activiteiten

sail

zeilen

calculate

rekenen

read

Lezen

learn

leren

work

werken

marry

trouwen

sew

naaien

brush teeth

tandenpoetsen

kill

doden

smoke

roken

send

sturen

grandmother
grootmoeder

grandfather
grootvader

father
vader

mother
moeder

baby
baby

daughter
dochter

son
zoon

guest

gast

aunt

tante

uncle

oom

brother

broer

sister

zus

forehead
voorhoofd

eye
oog

shoulder
schouder

finger
vinger

face
gezicht

chin
kin

hand
hand

breast
borst

leg
been

arm
arm

baby
baby

man
man

woman
vrouw

girl
meisje

boy
jongen

head
hoofd

back
rug

belly
buik

belly button
navel

toe
teen

heel
hiel

bone
bot

hip
heup

knee
knie

elbow
elleboog

nose
neus

bottom
zitvlak

skin
huid

cheek
wang

ear
oor

lip
lip

mouth

mond

tooth

tand

tongue

tong

brain

hersenen

heart

hart

muscle

spier

lung

long

liver

lever

stomach

maag

kidneys

nieren

sex

seks

condom

condoom

ovum

eicel

semen

sperma

pregnancy

zwangerschap

body - lichaam

menstruation

menstruatie

vagina

vagina

penis

penis

eyebrow

wenkbrauw

hair

haar

neck

nek

hospital
ziekenhuis

ambulance
ambulance

wheelchair
rolstoel

fracture
breuk

doctor

dokter

emergency room

spoed

nurse

verpleegkundige

emergency

noodgeval

unconscious

bewusteloos

pain

pijn

injury

verwonding

bleeding

bloeding

heart attack

hartaanval

stroke

beroerte

allergy

allergie

cough

hoest

fever

koorts

flu

griep

diarrhoea

diarree

headache

hoofdpijn

cancer

kanker

diabetes

diabetes

surgeon

chirurg

scalpel

scalpel

operation

operatie

CT

CT

x-ray

röntgenstraal

ultrasound

ultrageluid

face mask

gezichtsmasker

disease

ziekte

waiting room

wachtkamer

crutch

kruk

plaster

pleister

bandage

verband

injection

injectie

stethoscope

stethoscoop

stretcher

brancard

clinical thermometer

thermometer

birth

geboorte

overweight

overgewicht

hearing aid

hoorapparaat

disinfectant

ontsmettingsmiddel

infection

infectie

virus

virus

HIV / AIDS

HIV / AIDS

medicine

medicijn

vaccination

vaccinatie

tablets

tabletten

pill

pil

emergency call

noodoproep

blood pressure monitor

bloeddrukmeter

ill / healthy

ziek / gezond

Help!

Help!

alarm

alarm

assault

overval

attack

aanval

danger

gevaar

emergency exit

nooduitgang

Fire!

Brand!

fire extinguisher

brandblusser

accident

ongeval

first-aid kit

EHBO-kit

SOS

SOS

police

politie

Europe

Europa

North America

Noord-Amerika

South America

Zuid-Amerika

Africa

Afrika

Asia

Azië

Australia

Australië

Atlantic

Atlantische Oceaan

Pacific

Stille Oceaan

Indian Ocean

Indische Oceaan

Antarctic Ocean

Antarctische Oceaan

Arctic Ocean

Arctische Oceaan

North Pole

Noordpool

South Pole

Zuidpool

Antarctica

Antarctica

Earth

aarde

land

land

sea

zee

island

eiland

nation

natie

state

staat

clock face

wijzerplaat

hour hand

uurwijzer

minute hand

minuutwijzer

second hand

secondewijzer

What time is it?

Hoe laat is het?

day

dag

time

tijd

now

nu

digital watch

digitale horloge

minute

minuut

hour

uur

Monday — maandag — MO

Tuesday — dinsdag — TU

Wednesday — woensdag — W

Thursday — donderdag — TH

Friday — vrijdag — FR

Saturday — zaterdag — SA

Sunday — zondag — SO

yesterday

gisteren

today

vandaag

tomorrow

morgen

morning

ochtend

noon

middag

evening

avond

business days

werkdagen

weekend

weekend

rain
regen

rainbow
regenboog

snow
sneeuw

wind
wind

spring
lente

autumn
herfst

summer
zomer

winter
winter

weather forecast

weervoorspelling

thermometer

thermometer

sunshine

zonneschijn

cloud

wolk

fog

mist

humidity

vochtigheid

lightning

bliksem

thunder

donder

storm

storm

hail

hagel

monsoon

moesson

flood

overstroming

ice

ijs

January

januari

February

februari

March

maart

April

april

May

mei

June

juni

July

juli

August

augustus

September
....
september

October
....
oktober

November
....
november

December
....
december

shapes

vormen

circle
....
cirkel

square
....
kwadraat

rectangle
....
rechthoek

triangle
....
driehoek

sphere
....
bol

cube
....
kubus

colours
kleuren

white
....
wit

yellow
....
geel

orange
....
oranje

pink
....
roze

red
....
rood

purple
....
paars

blue
....
blauw

green
....
groen

brown
....
bruin

grey
....
grijs

black
....
zwart

a lot / a little

veel / weinig

angry / calm

boos / kalm

beautiful / ugly

mooi / lelijk

beginning / end

begin / einde

big / small

groot / klein

bright / dark

licht / donker

brother / sister

broer / zus

clean / dirty

proper / vuil

complete / incomplete

volledig / onvolledig

day / night

dag / nacht

dead / alive

dood / levend

wide / narrow

breed / smal

edible / inedible

eetbaar / oneetbaar

evil / kind

kwaadaardig / vriendelijk

excited / bored

opgewonden / verveeld

fat / thin

dik / dun

first / last

eerst / laatst

friend / enemy

vriend / vijand

full / empty

vol / leeg

hard / soft

hard / zacht

heavy / light

zwaar / licht

hunger / thirst

honger / dorst

ill / healthy

ziek / gezond

illegal / legal

illegaal / legaal

intelligent / stupid

intelligent / dom

left / right

links / rechts

near / far

dichtbij / veraf

new / used

nieuw / gebruikt

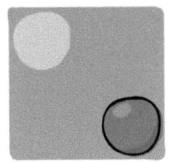

nothing / something

niets / iets

old / young

oud / jong

on / off

aan / uit

open / closed

open / dicht

quiet / loud

stil / luid

rich / poor

rijk / arm

right / wrong

juist / fout

rough / smooth

ruw / glad

sad / happy

droevig / blij

short / long

kort / lang

slow / fast

traag / snel

wet / dry

nat / droog

warm / cool

warm / koud

war / peace

oorlog / vrede

0	**1**	**2**
zero	one	two
nul	één	twee
3	**4**	**5**
three	four	five
drie	vier	vijf
6	**7**	**8**
six	seven	eight
zes	zeven	acht
9	**10**	**11**
nine	ten	eleven
negen	tien	elf

12

twelve

twaalf

13

thirteen

dertien

14

fourteen

veertien

15

fifteen

vijftien

16

sixteen

zestien

17

seventeen

zeventien

18

eighteen

achtien

19

nineteen

negentien

20

twenty

twintig

100

hundred

honderd

1.000

thousand

duizend

1.000.000

million

miljoen

English

Engels

American English

Amerikaans Engels

Chinese Mandarin

Chinees (Mandarijn)

Hindi

Hindi

Spanish

Spaans

French

Frans

Arabic

Arabisch

Russian

Russisch

Portuguese

Portugees

Bengali

Bengali

German

Duits

Japanese

Japans

I

ik

you

u

he / she / it

hij / zij / het

we

wij

you

u

they

ze

who?

wie?

what?

wat?

how?

hoe?

where?

waar?

when?

wanneer?

HELLO, I AM

name

naam

behind

achter

in

in

in front of

voor

over

boven

on

op

under

onder

beside

naast

between

tussen

place

plaats